BEI GRIN MACHT SICH IHR
WISSEN BEZAHLT

- Wir veröffentlichen Ihre Hausarbeit,
  Bachelor- und Masterarbeit

- Ihr eigenes eBook und Buch -
  weltweit in allen wichtigen Shops

- Verdienen Sie an jedem Verkauf

Jetzt bei www.GRIN.com hochladen
und kostenlos publizieren

Bibliografische Information der Deutschen Nationalbibliothek:

Die Deutsche Bibliothek verzeichnet diese Publikation in der Deutschen National-bibliografie; detaillierte bibliografische Daten sind im Internet über http://dnb.d-nb.de/ abrufbar.

Dieses Werk sowie alle darin enthaltenen einzelnen Beiträge und Abbildungen sind urheberrechtlich geschützt. Jede Verwertung, die nicht ausdrücklich vom Urheberrechtsschutz zugelassen ist, bedarf der vorherigen Zustimmung des Verla-ges. Das gilt insbesondere für Vervielfältigungen, Bearbeitungen, Übersetzungen, Mikroverfilmungen, Auswertungen durch Datenbanken und für die Einspeicherung und Verarbeitung in elektronische Systeme. Alle Rechte, auch die des auszugsweisen Nachdrucks, der fotomechanischen Wiedergabe (einschließlich Mikrokopie) sowie der Auswertung durch Datenbanken oder ähnliche Einrichtungen, vorbehalten.

Impressum:

Copyright © 2016 GRIN Verlag
Druck und Bindung: Books on Demand GmbH, Norderstedt Germany
ISBN: 9783346112088

Dieses Buch bei GRIN:

https://www.grin.com/document/519982

K. S.

Die zeitliche Organisation in Zwangsorganisationen

Inwiefern wirkt sich die zeitliche Organisation in Gefängnissen anhand der Serie 'Prison Break' auf die Vorbereitungen für einen geplanten Ausbruch aus?

GRIN Verlag

GRIN - Your knowledge has value

Der GRIN Verlag publiziert seit 1998 wissenschaftliche Arbeiten von Studenten, Hochschullehrern und anderen Akademikern als eBook und gedrucktes Buch. Die Verlagswebsite www.grin.com ist die ideale Plattform zur Veröffentlichung von Hausarbeiten, Abschlussarbeiten, wissenschaftlichen Aufsätzen, Dissertationen und Fachbüchern.

Besuchen Sie uns im Internet:

http://www.grin.com/

http://www.facebook.com/grincom

http://www.twitter.com/grin_com

Universität Bielefeld

Fakultät für Soziologie

Semester: SS 2016

"Im Rahmen der Frist" - Periodenbildung, Projektform und
(Nicht-)Routine in Organisationen (S+BS)

TITEL

Die zeitliche Organisation in Zwangsorganisationen

Inwiefern wirkt sich die zeitliche Organisation in Gefängnissen anhand des Beispiels der Serie 'Prison Break' auf die Vorbereitungen für einen geplanten Ausbruch aus?

Hausarbeit von: K.S.

Inhaltsverzeichnis

1. Einleitung

Der Zeitplan in einem Gefängnis ist sehr strikt gegliedert und ist rund um die Uhr durchgeplant. Er lässt den Häftlingen kaum Freiraum, ihren eigenen Interessen nachzugehen und womöglich Fluchtversuche zu starten. Immer wieder kann in der Zeitung oder dem Internet gelesen werden, dass Häftlinge regelmäßig zu Kontrollen und sonstigen Verpflichtungen anzutreten haben und sonst ein Alarm mit Fluchtversuch ausgerufen wird, wenn nur ein Häftling nicht erscheint.

Das Ziel der Hausarbeit ist es somit, den organisationstheoretischen Hintergrund zu klären. Es soll analysiert werden, wie sich ein Gefängnis als Zwangsorganisation verstehen kann und wie solch ein Zeitplan eines Gefängnisses auf die Vorbereitungen eines Ausbruchs und den selbigen auswirkt. Der Hausarbeit liegt ein theoretischer und auch ein praktischer Teil - die Analyse der Szene - zu Grunde, welcher sich jedoch beide Male organisationstheoretisch auf das Gefängnis bezieht.

Im ersten Teil der Hausarbeit wird vorerst geklärt, was eine Zwangsorganisation ist. Daraufhin wird erläutert, warum das Gefängnis die Kriterien einer Zwangsorganisation erfüllt. Weiterhin wird darauf eingegangen, was die Ziele und Absichten eines Gefängnisses darstellen. Zudem wird herausgestellt, was ein Gefängnis als Organisation für Aufgaben hat und wo die Schwierigkeiten liegen.

Der Hauptfokus der Hausarbeit liegt auf dem zweiten Teil. In diesem Teil wird zuerst die Serie 'Prison Break' vorgestellt. Es wird geklärt, worum es in der Serie geht und wer die Charaktere sind. 'Prison Break' wird im Hinblick auf die zeitliche Planung eines Gefängnisses analysiert. Dies geschieht anhand des Hauptcharakters Scofield. Die Hausarbeit fokussiert die Anwendung der Fernsehserie „Prison Break" auf die Theorie von Stefan Kühl über Zwangsorganisationen. Hierbei wird das in der Serie thematisierte Gefängnis als Zwangsorganisation verstanden und anhand dessen eine Analyse der Zeitplanung vollzogen.

Anschließend werden gewonnene Erkenntnisse zusammengefasst und aus diesen das Fazit gezogen.

2. Hauptteil

2.1. Gefängnis als Zwangsorganisation

Ein Gefängnis wird laut Kühl als Zwangsorganisation gesehen. Um ein Gefängnis jedoch überhaupt als jene verstehen zu können, muss vorerst geklärt werden, was eigentlich eine Zwangsorganisation ist. Eine sogenannte 'Zwangsorganisation' ist eine Organisation, welche Mitglieder den Austritt verbietet oder diesen erheblich erschwert (vgl. Kühl 2012: 345). Auch, wenn es heutzutage kaum noch Zwangsorganisationen gibt (vgl. Kühl 2012: 351), scheinen diese notwendig zu sein. Diese somit zwangsweise Rekrutierung von Mitgliedern in die Organisation und ein durch Zwang verhinderter Exit aus der Organisation "bedarf [in der heutigen Zeit] besonderer Begründungen und Gesetze, mit denen die Erzwingungsstäbe des Staates zugleich die nötige Rechtsgrundlage erhalten, um den Verbleib in einer Zwangsorganisation gegebenenfalls auch mit angedrohter physischer Gewalt als Vermeidungsalternative durchzusetzen" (Kühl 2012: 351).

Ein Beispiel für solch eine Organisation sind Gefängnisse. In diese werden die Mitglieder verpflichtet einzutreten und ein vorzeitiger, unerlaubter Austritt wird mit Gewalt oder der Todesstrafe angedroht (vgl. Kühl 2012: 349). Ziele dieser Zwangsorganisation sind beispielsweise Erziehung, Resozialisierung oder Sühne. Nach Ohler erfülle ein Gefängnisaufenthalt aus gesetzlicher Sicht folgende Aufgabe:

> "Der Vollzug soll dazu dienen, ,,dem Gefangenen zu der Einsicht zu verhelfen, daß er für begangenes Unrecht einzustehen hat, und ihn wieder in die Gesellschaft einzugliedern"; er soll ,,den Willen und die Fähigkeit des Gefangenen wecken und stärken, künftig ein gesetzmäßiges und

geordnetes Leben zu führen" " (Ohler 1977: 51, zit. n. Nr. 57 Abs. 1 DVollzO).

Weiteren soll ein Gefängnisaufenthalt dazu beitragen, dass Straffällige in Zukunft keine weiteren Straftaten begehen. Weiterhin sei die Resozialisierung der Gefangenen in die Rechtsgemeinschaft ein Ziel der Inhaftierung (vgl. Ohler 1977: 51).

Die Organisation - in diesem Falle somit das Gefängnis - setzt im Vollzug schließlich das Befolgen formalisierter Erwartungen der Mitglieder voraus (vgl. Kühl 2012: 350). Um diese Erwartungen durchzusetzen, ist eine Zwangsorganisation dazu im Stande, auf eine Androhung von Gewalt gegenüber den Mitgliedern zu setzen (vgl. Kühl 2012: 346). Es darf auf sogenannte Erzwingungsstäbe, um Regelabweichungen zu bestrafen, zurückzugreifen (vgl. Kühl 2012: 354). Ebenso ist das Zugestehen von Freiräumen nicht beliebig und wird damit auch vorgegeben (vgl. Kühl 2012: 355).

Solch eine Organisation zu regulieren scheint hiermit keine einfache Angelegenheit. Deshalb wird auch ein Wechsel des Mitgliedes in ein anderes Gefängnis von staatlichen Zwangsorganisationen durch ein gegenseitiges Abkommen geregelt und dem Gefangenen wird somit jedes Recht entzogen, mitzuentscheiden (vgl. Kühl 2012: 256). Die 'Menge in der Zeit' (Ohler 1977: 43) ist in Strafvollzugsanstalten oft ein großes Problem, da ein Ständiges Kommen und Gehen herrscht, welches unter Kontrolle gehalten werden muss (vgl. Ohler 1977: 43). Darum gibt es in solchen Organisationen genau getaktete Pläne, welche die Regulierung vereinfachen und kontrollieren. Herausforderungen stellen beispielsweise die Zählung der Gefängnisinsassen - also die Sicherstellung der Anwesenheit aller Gefangenen - als auch die Folgeleistung erwarteten Verhaltens dar (vgl. Kühl 2012: 353).

Um etliche, vorher genannte Hürden zu bewältigen, sich als Mitarbeiter der Zwangsorganisation Respekt zu verschaffen und alle Aufgaben kontrollieren zu können, sind somit Strenge und vor allem die Organisation der Zeit wichtige Punkte in einer Vollzugsanstalt. Doch auch die strikte Zeitplanung in solch einer

Organisation ist ein wichtiges Instrumentarium, welches einen geregelten Ablauf benötigt und die Häftlinge dazu bestimmt, diesem Ablauft zu folgen.

2.2 Einführung in die Serie 'Prison Break'

Im Folgenden wird in die Serie 'Prison Break' eingeführt. Die darauf folgende Analyse befasst sich mit einzelnen Szenen aus der ersten Staffel der Fernsehserie Prison Break. Der Fokus liegt auf dem geplanten Gefängnisausbruch des Hauptdarstellers Michael Scofield und dessen Bruder Lincoln Burrows. Hierbei wird besonderes Augenmerk auf die Zeitplanung und die Vorbereitung des Gefängnisausbruches gelegt.

In der ersten Staffel der Serie 'Prison Break' geht es um den Hauptdarsteller Michael Scofield und seinen Bruder Lincoln Burrows. Da Burrows angeblich den Bruder der Vize-Präsidentin erschossen haben soll, sitzt dieser - allerdings unschuldig - in der Todeszelle des Fox River State Gefängnisses und wartet auf seine Hinrichtung. Scofield jedoch ist von seiner Unschuld überzeugt und greift zu einer radikalen Entscheidung, nachdem er alles legale versucht hat, um seinen Bruder zu entlasten. Somit begeht er einen bewaffneten Banküberall, nach welchem er in dasselbe Gefängnis wie sein Bruder gebracht wird. Da er durch seinen Beruf als Ingenieur an dem Umbau des Gefängnisses beteiligt war, kennt er die Baupläne dieser Anstalt und lässt sich diese auf seinen Körper tätowieren (vgl. 'Prison Break' 2005: Folge 1, 42.02), um im Gefängnis immer zu wissen, wo er hinmuss und wie der Weg nach draußen ist. Sein Plan ist es, die Sanitäranlage in seiner Zelle abzumontieren, einen Durchbruch durch die Wand zu schaffen und somit auf die Gänge hinter der Wand zu gelangen. Von diesen aus möchte er in die Ambulanz und von dort aus fliehen, da die Station der am wenigsten gesicherte Ort im Gefängnis ist.

Um diesen Ausbruch vorzubereiten, muss sich Scofield immer an bestimmte Zeiten halten. So nutzt er beispielsweise den Hofgang, um an seinen Vorbereitungen zu arbeiten und sich Materialen zu beschaffen (vgl. 'Prison Break'

2005: Folge 1, 38.21-39.10). Er verschafft sich ebenso die sogenannte 'PI-Card' (vgl. 'Prison Break' 2005: Folge 1, Minute 39), um Dienste auf dem Hof zu leisten und erlangt somit Zeit und einen Überblick, wie er genauere Vorbereitungen zu treffen hat. Es passieren jedoch immer mal wieder Dinge, auf welche er nicht vorbereitet war und welche ihn in seiner Planung nach hinten werfen. So droht sein Plan zu scheitern, da er - auf Antrag der Personen, welche dafür gesorgt haben, dass Burrows einsitzt - in ein anderes Gefängnis verlegt werden soll (vgl. 'Prison Break' 2005:Folge 4, 42.50.42.56) oder er bekommt zum Beispiel einen neuen Zellen-Mitbewohner namens Haywire, welchen er - nicht wie seinen ehemaligen - nicht in die Pläne einweihen kann und will (vgl. 'Prison Break' 2005: Folge 3, 37.55-38.30), zumal er mit der Zeit anfängt, Scofields Tattoos zu durchschauen (vgl. 'Prison Break' 2005: Folge 4, 25.57-26.52). Da diesem jedoch nicht geglaubt wird, als er den Beamten seine Vermutung erzählt, wird er wieder zurück in die Psychiatrie des Gefängnisses gebracht und Scofield bekommt seinen alten Mitbewohner Sucre zurück, mit welchem er weiter an den Vorbereitungen für den Ausbruch arbeitet (vgl. 'Prison Break' 2005: Folge 4, 34.55-35.00).

Trotz dieser ganzen Schwierigkeiten muss es Scofield schaffen, den Ausbruch auf ein bestimmtes Datum vorzubereiten, da das Datum der Hinrichtung seines Bruders bereits feststeht.

Wichtig zu wissen ist ebenso, dass Scofield einige andere Mitgefangene in seinen Plan einweiht und mit diesen fliehen will, um nach dem Ausbruch sicher zu sein und dessen Geld oder Kontakte in Anspruch nimmt (vgl. 'Prison Break' 2005: Folge 1: 40.54-41.18).

Somit ist die Serie 'Prison Break' ein gut geeignetes Beispiel um zu zeigen, wie der organisationstheoretische Aspekt des Zeitplanes mit dem Versuchen des Umgehens dieses Planes in Verbindung steht und wie beides Einfluss aufeinander hat.

Im Folgenden werden nun einzelne Szenen, beziehungsweise Folgen der Serie erläutert und analysiert, in welchen die Planung des Zeitmanagements und die Vorbereitungen besonders gut zu erkennen sind.

2.3. Vorbereitungen des Ausbruchs

Die Analyse beginnt am Ende der Folge vier und geht bis Folge sechs, da innerhalb dieser Folgen die Vorbereitungen für den Ausbruch am besten sichtbar sind. Ausgewählt wurden jedoch nur die Stellen, die unmittelbar mit den Vorbereitungen und der Frist-Einhaltung zu tun haben. Hierbei wird stets ein Rückbezug Scofields Pläne auf den organisationstheoretischen Aspekt vorgenommen.

In Folge vier beginnen Scofield und Sucre mit den konkreten Vorbereitungen für den Ausbruch. Durch die Hilfe seines Zellengenossens Sucre kann Scofield seine Pläne vereinfachter in die Tat umsetzen und hat mehr Zeit. Aufgrund der immer wiederkehrenden Zählungen jedoch, müssen diese Vorbereitungen in der Nacht passieren, da es dort dunkel ist und alle Häftlinge in ihren Zellen sind keine Zählungen sind. Zudem sind nachts weniger Gefängniswärter im Dienst als tagsüber.

Um in Folge vier den Durchbruch der Mauer hinter der Sanitäranlage zu erlangen, welche Scofield vorher abmontiert hat (vgl. 'Prison Break' 2005: Folge 4, 38.59-40.04), fängt Sucre an zu singen, damit Scofield die Mauer eintreten kann (vgl. 'Prison Break' 2005: Folge 4, 40.27-41.20). Nach diesem Durchbruch kann er nun in den Schacht gelangen, aus welchem er die Wege für den Ausbruch erreicht.

In Folge fünf geht es schließlich damit weiter, dass sich die Gruppe der PI -welche zusammen ausbricht - mit Scofield, Burrows, Westmoreland, C-Note, Abruzzi und Sucre während des Hofgangs heimlich trifft, um die Pläne und weitere Vorangehens weisen zu besprechen (vgl. 'Prison Break' 2005: Folge 5, 3.10-5.16). Der Hofgang wird hierfür gewählt, da sich dort alle 'unbemerkt' unterhalten können. Auch hier ist zu erkennen, wie sich die zeitliche Organisation des Gefängnissen auf Scofields Plan auswirkt. Das Treffen der Gruppe der PI ist die einzige Möglichkeit, um weitere Pläne zu besprechen.

Scofield klettert als alle wieder in ihren Zellen sind, durch den Schacht, nachdem er und Sucre Wäsche gewaschen und diese aufgehängt haben (vgl. 'Prison Break' 2005: Folge 5, 14.25-14.43), damit er erneut unbemerkt die Anlage wieder abmontieren und durch das Loch kann (vgl. 'Prison Break' 2005: Folge 5, 15.35-17.57). In dieser möglichen Zeit muss er mit den Vorbereitungen fortfahren und folgt seinen Tattoos, welche die Karte für die Gänge vorgeben. Doch auch hier hat Scofield nicht viel Zeit, da er rechtzeitig wieder in der Zelle sein muss, um nicht aufzufallen.

Während Scofield in den Gängen hinter der Mauer ist, ist Abruzzi - flieht ebenfalls - draußen und sorgt für eine Auseinandersetzung zwischen einen Mithäftling und den Beamten. So gelangt dieser an einen Abdruck von einem Schlüssel des Wärters, welchen er für den Ausbruch braucht (vgl. 'Prison Break' 2005: Folge 5, 14.51-15.30). Nachdem er den Abdruck erlangt hat, hat Abruzzi genau 3.50 Minuten Zeit, um eine Anfertigung des Schlüssels zu bekommen. Durch den genauen Zeitplan von Scofield muss er um 17.05 Uhr am Büro des Direktors Pope sein und die Hintertür dessen mit dem neu angefertigtem Schlüssel aufschließen. Scofield ist unter einem Vorwand in Popes Büro geblieben, in welchem er dem Direktor mehrmals die Woche hilft, eine Nachbildung des Taj Mahal für dessen Frau zu konstruieren. Nachdem Abruzzi ihm die Tür aufgeschlossen hat, kann Scofield unbemerkt das Büro verlassen (vgl. 'Prison Break' 2005: Folge 5, 23.30-23.50). Laut Zeitplan ist ab dem Punkt in 15 Minuten Zählung, weshalb er dann in seiner Zelle sein sollte (vgl. 'Prison Break' 2005: Folge 5, 28.23-28.37). Scofield jedoch gelangt über den Schacht auf das Dach (vgl. 'Prison Break' 2005: Folge 5. 32.05), auf welchem er wartet, bis Zählung ist. Somit ist er zur Zählung nicht da und Wärter Bellick meldet einen Fluchtversuch (vgl. 'Prison Break' 2005: Folge 5, 32.55). Durch den Alarm wird aus den umliegenden Gegenden Verstärkung gerufen, welche über drei möglich Straßen zum Gefängnis gelangen könnten. Um zu wissen, in welche Richtung die Gruppe am besten fliehen sollte, möchte Scofield herausfinden, aus welcher Richtung am wenigsten Autos zur Verstärkung kommen. Als er somit die Fitz Street als geeignetste Straße als Fluchtrichtung gewählt hat (vgl. 'Prison Break' 2005: Folge 5, 34.13-34.40), geht er schnell wieder in das Büro des Direktors zurück, in welchem er wie geplant von Bellick,

Pope und der Sekretärin des Direktors gefunden wird (vgl. 'Prison Break' 2005: Folge 5, 35.05-35.30). Vor allem in diesen Szenen ist die Gefahr, in welche sich der Hauptcharakter begibt, deutlich zu erkennen. Er muss genau in dem Zeitplan der Organisation arbeiten, da seine Pläne sonst ans Licht kommen würden.

In dieser ganzen Folge aber war folglich sehr gut zu erkennen, wie eng der Zeitplan der Zwangsorganisation getaktet ist und wie sehr sich die Gruppe aufeinander zu verlassen hat, damit einzelne Schritte zur geplanten Zeit vollzogen werden können.

Um weiter zu arbeiten, setzt Scofield seinen Plan unbemerkt in der Nacht weiter fort (vgl. 'Prison Break' 2005: Folge 6, 2.55-5.20), welche aufgrund der Zeitplanung noch immer die sicherste Gelegenheit für die Umsetzung der Vorbereitungen ist. Die Hinrichtung aber rückt immer näher und Scofield und der Gruppe bleibt nicht mehr viel Zeit, um den Ausbruch vorzubereiten. Daher klagt Scofield darüber, dass er mehr Zeit braucht um besser arbeiten zu können, dies aufgrund der Zählungen aber nicht möglich ist (vgl. 'Prison Break' 2005: Folge 6, 6.58-7.25). Somit schlägt Sucre vor, einen 24-Stunden Einschluss zu verursachen, damit Scofield genug Zeit hat und seinen Plan umsetzen kann (vgl. 'Prison Break' 2005: Folge 6, 7.50-8.30). Durch den Einschluss werden alle Häftlinge 24 Stunden in deren Zelle gesperrt und müssen sich somit keinen Zählungen unterziehen oder zum Hofgang antreten. Infolgedessen setzt Scofield die Klimaanlage außer Betrieb (vgl. 'Prison Break' 2005: Folge 6, 13.54-14.07), weshalb einige Gefangene eine Aufstand machen und so der Einschluss ausgesprochen wird. Um nicht gesehen zu werden, hängen Scofield und Sucre ein Laken vor deren Gitter und Scofield erzählt seinem Genossen den Plan und den Weg (vgl. 'Prison Break' 2005: Folge 6, 25.43-26.06). Nachdem die beiden in den Schacht geklettert sind, müssen sie eine Wand einbohren, um weiter zu der Krankenstation gelangen zu können (vgl. 'Prison Break' 2005: Folge 6, ab 33.52). Was Scofield und Sucre allerdings nicht ahnen, ist, dass einige Häftlinge draußen randalieren und den Plan riskieren (vgl. 'Prison Break' 2005: Folge 6, 20.03-21.37). Nachdem der Mithäftling Bagwell dann auch noch die lose Armatur in der Zelle von Sucre und Scofield gesehen hat (vgl. 'Prison Break' 2005: Folge 6, 36.49-37-03), kann nur Abruzzi ihn davon abhalten, sie zu verraten (vgl. 'Prison Break' 2005: Folge 6, 37.11-37.14) und Bagwell fordert Abruzzi und Scofield und Sucre - welche in der Zwischenzeit wieder gekommen sind - auf, mit ausbrechen zu dürfen, da er sie sonst verrate (vgl. 'Prison Break' 2005: Folge 6, 40.45-40.50).

Im weiteren Verlauf zeigt die Serie dann noch einige Stellen, wo die Gruppe ihren Ausbruch genau nach Plan vorbereitet (Beispiel: 'Prison Break' 2005: Folge 7, 21.10-22 und 31.31-32.10). Der zuvor analysierte Teil jedoch war am besten geeignet, um die Vorbereitungen in Bezug auf die Zeitorganisation zu begutachten.

2.4. Der Ausbruch

Dieser Teil der Hausarbeit bezieht sich auf den Ausbruch, bei welchem ebenfalls die Zeitdimension sehr gut sichtbar wurde. Es geht vor allem um die Folge 21, in welcher der Ausbruch an sich stattfindet.

Um genau 19 Uhr soll der Ausbruch der Gefangenen beginnen, für welchen sie eine Stunde Zeit haben, da um 20 Uhr die nächste Zählung sein soll (vgl. 'Prison Break' 2005: Folge 21, 4.52-5.05). Somit trifft sich die Gruppe in der Zelle von Scofield und Sucre und fängt punktgenau an, indem sie durch das Loch hinter der Sanitäranlage in den Schacht gelangen (vgl. 'Prison Break' 2005: Folge 21, 12.37). Verliert die Gruppe wertvolle Minuten, oder gar Sekunden, droht der Ausbruch zu scheitern und sie können nicht fliehen, da im Falle einen Fluchtversuchs direkt gehandelt wird.

Da Scofield einen genauen Plan von dem Ausbruch hat, haben sie zuvor den Wärter Bellick gefangen genommen, von welchem sie nun Jacke und Mütze zur Tarnung für den Plan brauchen (vgl. 'Prison Break' 2005: Folge 21, 16.13-16.30 und 17.04-17.45). So löst Scofield den Feueralarm in der Psychiatrie des Gefängnisses aus (vgl. 'Prison Break' 2005: Folge 21, 18.10-19.00 und 22.00-22.20), woraufhin alle in der Psychiatrie vorerst das Gebäude verlassen müssen. Damit er sich später - während die Häftlinge zurück auf ihre Station gebracht werden- in Bellicks Uniform als Wärter ausgeben und die Gruppe der Flüchtigen noch mit auf die Station schleusen kann (vgl. 'Prison Break' 2005: Folge 21, 23.57-24.48). Hierbei setzt er den Wärter der Inhaftierten der Psychiatrie mit einem Beruhigungsmittel außer Gefecht (vgl. 'Prison Break' 2005: Folge 21, 24.40-24.48), sodass Scofield und die Gruppe über die Psychiatrie in die Ambulanz gelangen können, ohne aufzufallen. In der Ambulanz holen sie schließlich Burrows ab (vgl. 'Prison Break' 2005: Folge 21, 29.14-29.40), welchen Direktor Pope vorher unter Drohung von Scofield dorthin hat bringen lassen (vgl. 'Prison Break' 2005: Folge 21, 2.31-.239). Auf Bitten von Scofield hat die Ärztin Tancredi - welche in den Flucht-Plan eingeweiht wurde - schließlich die Tür zu der Krankenstation mit Absicht nicht abgeschlossen (vgl. 'Prison Break' 2005: Folge 21, 31.37-31.50), um aus diesem Raum fliehen zu können. Nachdem die Häftlinge bemerkten, dass die Zeit knapp wird (vgl. 'Prison Break' 2005: Folge 21, 33.23-33.27) und ihnen auch noch Haywire - der ehemalige Zellengenosse von Scofield - gefolgt ist und nun mit fliehen möchte, welches noch mehr Zeit in Anspruch nehmen würde (vgl. 'Prison Break' 2005: Folge 21, 34.34-34.55).

In der Zwischenzeit ist der Sekretärin des Direktors aufgefallen, dass dieser nicht in seinem Büro zu sein scheint (vgl. 'Prison Break' 2005: Folge 21, 34.11-34.17) und holt Verstärkung. Dieser wird schließlich gefesselt in seinem Wandschrank entdeckt, da Scofield ihn zuvor dort hineingebracht hat, um fliehen zu können. Als Pope nun Alarm gegeben hat, dass ein Fluchtversuch in seinem Gefängnis stattfindet (vgl. 'Prison Break' 2005: Folge 21, 39.55-40.04), wird es für die Flüchtigen knapp, da ihnen nur noch wenige Minuten bleiben, um unentdeckt über die Mauer zu kommen. Schließlich schaffen es bis auf einen alle über die Mauer (vgl. 'Prison Break' 2005: Folge 21, 42.37-42.50) und können fliehen. Somit hat Scofield seinen Bruder Burrows retten und auch noch Haywire, Tweener, C-Note, Abruzzi, Sucre und Bagwell die Freiheit schenken können.

Wie geplant werden zeitnah Truppen geschickt, um die Geflohenen zu suchen (vgl. 'Prison Break' 2005: Folge 22, ab 4.55), die diese jedoch nicht finden können.

2.5. Anwendung der zwangsorganisatorischen Theorie auf den Ausbruch

Die Theorie der Zwangsorganisationen ist die strikte Zeitplanung, welche deren Mitgliedern keine, beziehungsweise kaum Freiheit erlaubt und diese daran hindert, Unerlaubtes zu tun. Ihnen soll ebenso Zucht und Ordnung beigebracht werden, um die Mitglieder auf die Zeit nach dem Gefängnis vorzubereiten.

Scofields Plan mit dem Ausbruch korreliert stark mit der zwangsorganisatorischen Theorie, da der Häftling alle Regeln missachtet, welche von der Organisation vorgegeben werden. So widersetzt sich Scofield beispielsweise der Anweisung, während der Schließung in der Zelle zu bleiben, da er dort immer in den Schacht hinter seine Zelle klettert, um den Ausbruch vorzubereiten. Er nutzt ebenso den Gefängnisdirektor und dessen entgegengebrachtes Vertrauen aus, um Teile seiner Pläne verwirklichen zu können.

Zwar ist Scofield zu jeder Zeit passend zu den Hofgängen und Zählungen da, so benutzt er aber zum Beispiel die Hofgänge um sich mit der Gruppe zu treffen und die anderen in weitere Vorbereitungen einzuweihen.

Die Pläne der Organisation kreuzen die Pläne Scofields sehr und schränken diesen in der Umsetzung seiner Vorbereitungen sehr ein und hindern in an so manchen Teilen, wodurch der Häftling immer wieder Enttäuschungen entgegennehmen und Pläne ändern muss.

3. Fazit

Abschließend sollte zu erkennen gewesen sein, wie sich die Organisation des Gefängnisses auf den Plan von Scofield ausgewirkt hat.

Die Analyse der Folgen, beziehungsweise Szenen, hat ergeben, dass ein Gefängnis einen sehr strengen Zeitplan hat und es durch diesen unmöglich scheint, fliehen zu können. Aufgrund der Zeitorganisation Scofields jedoch, konnte es seinem Bruder helfen und vor der Todesstrafe bewahren.

Es ist aufgefallen, dass der Ablaufplan in Zwangsorganisationen einen wesentlichen Einfluss auf deren Mitglieder hat, wobei die zeitliche Einschränkung der wesentliche Faktor ist. Die Häftlinge haben sich nach diesem zu richten, da ihnen sonst psychische und auch physische Gewalt droht. Um ein Gefängnis aber kontrollieren zu können, bedarf es in solch einer Anstalt eine strenge Organisation, welche kaum Platz für Freiheit und Freizeit schafft.

Der Zeitplan ist insofern bedeutend für einen Ausbruch, da dieser unter diesen besonderen Umständen minutiös geplant werden muss, wie am Beispiel der Serie Prison Break dargestellt wurde. Dementsprechend gestaltet sich ein Ausbruch als ein sehr komplexes Unterfangen, das die stetige Berücksichtigung der Zeiteinteilung der Organisation „Gefängnis" erfordert.

4. Literaturverzeichnis

Kühl, Stefan (2012): Zwangsorganisationen. In: Handbuch Organisationstypen. Hrsg: Apelt, Maja; Tacke, Veronika. Springer Fachmedien. Wiesbaden.

Ohler, Wolfgang (1977): Die Strafvollzugsanstalt als soziales System. Entwurf einer Organisationstheorie zum Strafvollzug. Hrsg: Müller-Dietz Prof. Dr., Heinz. C.F. Müller Juristischer Verlag GmbH. Heidelberg, Karlsruhe. Bd. 18.

"Prison Break" (2005). Produktion: Brown, Gerry A. Staffel 1. Fox Broadcasting. USA. Fernsehserie. Online verfügbar unter: https://www.amazon.de/dp/B00ILHAZNQ/ref=dv_web_wtls_list_pr_6. Zuletzt geprüft am: 24.11.2016